Le Presbytère
de Meilon-la-Chapelle

LE PRESBYTÈRE

DE

MILON-LA-CHAPELLE

*[Documents pour servir à l'histoire du département
de Seine-et-Oise]* (1).

I. LE VILLAGE

A seize kilomètres de Versailles, dans la
poétique vallée de l'Yvette, à proximité de
Saint-Lambert et de Port-Royal où plane
l'ombre de Pascal, le petit village de Milon-
la-Chapelle, pimpant, riant, verdoyant, est
couché comme un chat nonchalant au soleil,
au pied des collines qui dominent la plaine
de Magny et le plateau de Hautvilliers.

Avec ses chemins de sable, ses coquettes
maisons aux toits clairs, Milon ressemble-
rait à un joli joujou de Nuremberg, si, au

---

(1) Reproduction interdite aux journaux qui n'ont
pas traité avec la Société des gens de Lettres.

bord de ses routes et aux flancs de ses cô-
teaux, on n'apercevait des blocs erratiques,
colosses de pierres descendus de leurs hau-
teurs natales comme pour témoigner de la
grandeur d'une époque lointaine.

Le paysage est agreste et tout imprégné
de la fortifiante haleine des bois ; là, pas
de fleurs, peu de fruits et sur les pelouses
vertes qui s'étendent comme des tapis, le
sabot du paysan n'a pas à craindre de
froisser la blanche collerette des marguerites.

Ce site est gai pourtant ; l'été se venge
des fleurs qui ne veulent pas naître, en sus-
pendant des nids aux buissons et, quand la
moisson est faite et que les foins sont fanés,
l'automne donne une nouvelle parure au
sol dépouillé en lui jetant, comme des sou-
rires, ses rayons attiédis.

Sur la rive gauche du Rhodon, s'élève la
chapelle humble et modeste, mais dont le
léger clocher qui porte les prières à–Dieu,
domine le vallon.

Au nord, la *Fosse-aux-Loups* et l'orme
légendaire du berger.

Comme horizon, de larges bouquets d'ar-
bres ; des peupliers aux cîmes aiguës et
dans la prairie des ruisseaux où les nénu-
phars baignent leurs racines.

A côté de la chapelle, l'ancienne maison
presbytérale où j'ai mis pied à terre.

Au loin, Chevreuse assoupie dans son lit de rochers. Pareilles à des sentinelles gigantesques, les tours de la Madeleine veillent sur son sommeil.

Rien de pittoresque et de grandiose à la fois, comme ces ruines féodales qui semblent porter un superbe défi à l'avenir. C'est dans ce nid d'aigle qu'autrefois veillaient sur Milon ses maîtres et suzerains, car, dès 1197, les seigneurs de Chevreuse tenaient Milon en fief de l'évêque de Paris.

II. LE CHÂTEAU

On ignore l'origine exacte du nom de Milon-la-Chapelle.

Ce qu'on sait, c'est que la portion de cette commune qui se trouve sur la rive gauche du Rhodon était de la paroisse de Magny et celle qui est située sur la rive droite, de la châtellenie de Chevreuse. Ces deux portions de territoire formaient donc deux seigneuries distinctes.

Dans un cartulaire de 1237 il est question des seigneurs de *la Chapelle*. Quant à *Milon*, s'il faut croire M. Moutié, auteur d'intéressantes recherches archéologiques, il devrait son appellation à un châtelain de Chevreuse.

Les noms de ces deux fiefs se sont-ils confondus à cause de leur rapprochement? Il n'y a, à cela, rien d'improbable. Quoi qu'il en soit, en 1589, les deux noms sont réunis et Milon-la-Chapelle appartient à la famille de Besset, originaire du Languedoc.

M. Moutié affirme que la femme de François de Besset, seigneur de Milon et de la Chapelle fut inhumée dans le chœur de l'église de Milon avec un de ses fils Raymond de Besset, mort en sa maison seigneuriale en 1698.

Nous avons en vain cherché les traces de ces sépultures. En 1764, Nicolas-Pierre de Besset, de la Chapelle, vendit au baron de Kalb le domaine de la Chapelle-Milon, passé depuis au comte Raymond d'Abzac, qui le tient de son mariage avec Léonore-Nicette de Kalb, fille de Elie de Kalb et de Marie-Elisabeth-Charlotte Signard.

Le haras que M. d'Abzac, ancien écuyer de Charles X, dirige depuis de nombreuses années, a donné au vieux domaine de Milon une nouvelle et légitime notoriété.

III. LA CHAPELLE

La chapelle de Milon est fort ancienne; il en est fait mention dans un écrit rédigé sous le règne de saint Louis. On croit qu'elle doit sa construction aux châtelains de Magny dont dépendait, comme on sait, le lieu de la chapelle, mais je n'ai pu trouver rien qui confirmât cette hypothèse.

Rebâtie dans les premières années du xviii° siècle avant la destruction de Port-Royal, elle est restée à peu près ce qu'elle est aujourd'hui.

C'est un petit édifice fort simple mais d'une simplicité touchante. L'intérieur a un aspect de propreté champêtre. Pas d'ornements ; une peinture à l'huile de Madame Molot, propriétaire de la ferme de Romainville, un chemin de la croix et quelques dessins encadrés (1) : c'est tout.

On remarque le baptistère de marbre jaspé et l'autel de la Vierge pieusement paré de vases de fleurs.

Sur un de ces vases aux touffes immaculées on lit : Léontine-Antoinette-Françoise de Vandière, décédée le 6 mai 1858, dans sa 20° année.

Sur un autre : Marie-Louise Dreux, décédée le 6 décembre 1859, à l'âge de 8 ans.

----

(1) Trois de ces dessins sont du fils de M. le Président de la Fabrique. le jeune Barthélemy-Auguste Targier, mort le 22 janvier 1867, à l'âge de 18 ans, au moment où il faisait concevoir les meilleures espérances.

A part ces deux noms inscrits à la plume, rien qui rappelle un souvenir ; aucune inscription, nul vestige de tombe.

Dans le chœur M. le comte d'Abzac a conservé son banc seigneurial.

La chapelle n'a pas de desservant ; le curé de Saint-Lambert y remplit les fonctions du saint ministère.

Elle est entretenue par la commune au moyen de dons et de quêtes, et le soin qu'on met à sa conservation fait honneur à l'excellente population du pays.

Pendant la Révolution, ce petit temple faillit être détruit ; en y entrant aujourd'hui on ne croirait pas qu'un souffle funeste ait passé sur ses murs purifiés par la prière.

IV. LE PRESBYTÈRE

L'abbé de la chapelle, dans son presbytère était une sorte de hobereau. Il prélevait certaines redevances que sous une législation plus parfaite on a qualifiées *d'exactions cléricales* bien qu'elles ne fussent en réalité que les impôts du temps et que le peuple ait payé plus tard des dettes plus sanglantes.

Les revenus de ce genre n'étaient pas toujours excessifs, et c'est de très-bon gré que les gentilshommes en augmentaient la source. Ainsi, vers la fin de xii° siècle Adam de Châteaufort, qui était aussi seigneur de Magny, légua au *prêtre de la chapelle* un muid de blé sur le *moulin de la Machine*.

Ce moulin existe encore ; il est séparé du territoire de Saint-Rémy par un mur attenant à la ferme de Rhodon.

Les renseignements manquent sur le presbytère jusqu'au moment où il fut confisqué au profit de la République. Quelques personnes âgées se rappellent seulement que leurs vieux parents ont connu le dernier curé : « Ce bon Monsieur le Curé, défunte ma mère m'en a parlé bien souvent. »

Courte épitaphe de ce passé englouti.

Par contrats du 4 nivôse an V, enregistré à Versailles le 9 du même mois et du 18 pluviôse, enregistré le 23 germinal suivant, les administrateurs du département de Seine-et-Oise, conformément à la loi du 28 ventôse an IV et de l'instruction du 6 floréal de la même année, vendirent au citoyen Pierre-Joseph Beauvilliers, traiteur à Neuilly (porte Maillot, au bois de Boulogne), le presbytère et LA CHAPELLE de Milon.

Ces *immeubles* lui furent alloués moyennant la somme de six mille cinq cent dix francs dont neuf cents francs pour la chapelle ; le tout payable en seize mois.

Sur cette somme, le citoyen restaurateur

versa cinq cent cinquante-quatre francs en numéraire ; le reste, en *mandats réduits* ou non réduits, atteignit légalement le taux de l'adjudication et il y eut même un excédant de 9 francs 12 centimes.

En exécution de l'article 1er de l'arrêté du gouvernement du 4 thermidor an II, le décompte fut réglé par le directeur de l'enregistrement et des domaines, le 6 juillet 1808, et la quittance définitive délivrée à Versailles le 15 avril 1811.

Le prix de la chapelle avait été payé *des deniers provenant du commerce et profession de traiteur - restaurateur* (1).

Les titres de Beauvilliers étaient donc en bonnes formes, et l'an V de la République, une et indivisible, la chapelle de Milon pouvait être assimilée à une gargote. Ce scandale cessa et, grâce à une souscription des braves habitants de l'endroit, elle fut rendue au culte.

Le presbytère ne resta pas longtemps non plus à son acquéreur. L'honnête personnage qui s'offrait, à bon marché, des biens ecclésiastiques transformés en domaines natio-

---

(1) Voir l'acte passé le 26 germinal an VII, à Neuilly, en l'étude du notaire public du département de la Seine. (Enregistré le 6 floréal).

naux, éprouvait le besoin de profiter de tous les avantages du nouveau régime. Il était marié, il divorça.

Malheureusement, il constait de son acte de mariage du 15 juin 1790, qu'il n'avait rien apporté à sa future dont la dot s'élevait à trois mille francs de nature mobilière : il fallut prendre des arrangements. Le citoyen Beauvilliers abandonna à Marie-Marguerite Tupigny sa *ci-devant* épouse, le presbytère de Milon et ses dépendances, *pour la couvrir d'autant de ses créances matrimoniales*. Dans les conventions conclues entre les parties le 26 germinal an VII, la *chapelle*, les meubles meublants et les hardes du citoyen Beauvilliers, sont évalués 400 francs.

La *demoiselle* Tupigny, femme divorcée, ne tarda pas à vendre les biens qui lui avaient été cédés au sieur Gabriel Tantin et à Marie-Jeanne Chauvel, sa seconde femme, suivant contrat passé devant Guibert, notaire à Neuilly-sur-Seine, le 9 vendémiaire an XI.

Ces biens consistaient alors en LA MAISON CY DEVANT PRESBYTÉRALE *de la commune de la Chapelle-Milon, élevée d'un rez-de-chaussée, composé de deux pièces, trois cabinets et cage d'escalier,* un PREMIER ÉTAGE, composé de quatre pièces et un cabinet; *grenier au-dessus en deux parties*, PETIT BATIMENT *ensuite, composé d'une cuisine, un cabinet, grange, écurie, poulailler, grenier au-dessus;* PLUS UN JARDIN ET ENCLOS *clos de murs et de hayes vives, contenant en totalité un hectare dix ares vingt-cinq centiares* (1).

Le prix de vente était de 4,000 francs que l'ex-compagne du rôtisseur de Neuilly eut la précaution d'exiger en *numéraire, francs et deniers, en espèces et monnaies d'or et d'argent*, et NON AUTREMENT.

Le 15 décembre 1822, le sieur Alexandre Roussel et Jeanne-Antoinette-Marguerite Prévost, son épouse autorisée, demeurant ensemble à Paris, rue Serpente, n° 13, achetèrent la vieille maison presbytérale et ses terres au fils Tantin et à la veuve Tantin, sa belle-mère. Par contrat passé devant M⁰ Duverger de Villeneuve, cette propriété fut acquise le 10 octobre 1828, par M. Raymond Vitrac de Vandière, vicomte d'Abzac, qui la vendit, le 23 avril 1870, à M. Alexis-Désiré Malheux. Mise en vente de nouveau, elle fut adjugée sur une enchère, le 17

---

(1) Il n'est pas parlé ici d'un petit canal alimenté par une source qui se trouve dans le jardin et dont tous les actes de vente postérieurs font mention.

septembre 1874, à M. Henri-Eugène-Edouard Masquelier, capitaine de cavalerie en retraite, qui la fit restaurer entièrement ainsi que la ferme.

Le presbytère de Milon n'a plus, de son ancienne destination, que le nom. L'hôte nouveau ne perçoit plus de dîme, mais dans cette paisible et tranquille demeure, il peut vivre encore du passé et s'absorber, comme un moine contemplateur, dans le calme animé des souvenirs.

Baron Frédéric de Reiffenberg,
De la Société de l'histoire de France, etc.

Au presbytère, à Milon-la-Chapelle, septembre 1876.

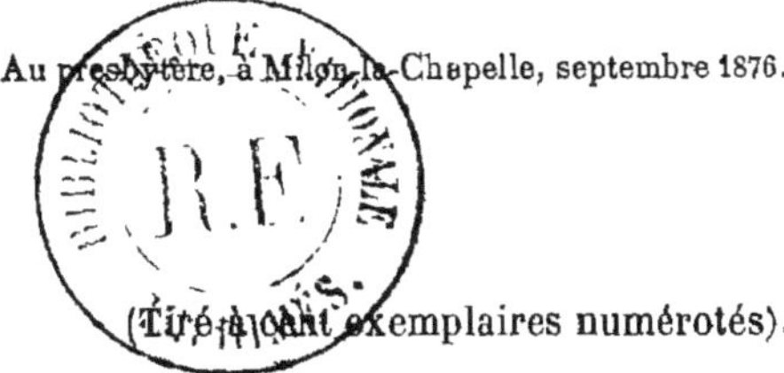

(Tiré à cent exemplaires numérotés).

N°

Versailles. — Imprimerie Cerf et Fils, 59, rue du Plessis.

143